Llew Lly...

gan

Sam Mc Bratney

Addasiad Cymraeg gan Delyth George

Darluniau gan

Philippe Dupasquier

Y Gath a'r Drwm

Roedd yr hen ddrwm llychlyd wedi bod yn hongian ar yr hoelen yn y garej am flynyddoedd. Doedd fawr neb yn cymryd sylw ohono ar wahân i Cathreulig y gath, a eisteddai'n llonydd yn syllu arno am oriau. Gwyddai fod Llew Llygoden a'i lu o fôr-lygod yn byw yn y drwm.

Yno bydden nhw'n cael partïon gwyllt. Bydden nhw'n canu caneuon am y môr, a dod allan wedyn i daflu masglau cnau a gweiddi, "Iw-hw, Cathreulig, mae'n bwrw masglau cnau!"

"Aros di, Llew Llygoden," meddai Cathreulig wrthi'i hun. "Fe ga i afael arnat ti ryw ddiwrnod. Byddi di'n belen fach yn fy mhawennau mawr. Bydda i'n dy daflu di i fyny ac i lawr – ac wedyn ... wedyn, bydda i'n dy fwyta di!"

O'i Go' heb ddim To

Roedd Llew Llygoden yn llygoden hardd iawn. Doedd ei got sgleiniog byth yn ddi-raen, ac ni fyddai ei glustiau byth yn llawn mwd. Braidd yn fyr oedd ei gynffon, gan fod cogydd y llong wedi torri'r blaen i ffwrdd â chyllell fawr finiog yn ystod un fordaith, ond doedd rhywbeth bach fel'na yn poeni dim ar Llew.

Serch hynny, roedd rhywbeth arall yn ei boeni. Rhywbeth mawr! Roedd Llew wedi dod yn ôl o'r môr i ddarganfod bod ei dŷ wedi diflannu. Roedd yr hoelen yn dal yno, a'r cortyn hefyd, ond ble roedd y drwm?

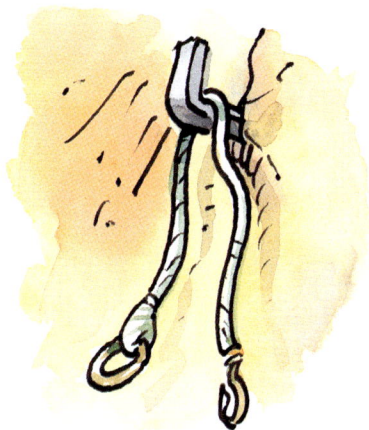

"Mae e wedi mynd," cwynodd Llew, "Dw i o 'ngho'! Dw i heb do!"

"Beth ydyn ni'n mynd i'w wneud?" holodd Mac yn grac. "Os bydd rhaid i ni gysgu dan y potiau blodau, bydd Cathreulig yn siŵr o'n llarpio ni'n fyw. Mae'n argyfwng!"

"Ond i ble'r aeth y tŷ? Sut fedrai rhywun ddwyn tŷ?"

"Fe ofynnwn ni i Blod Llgod," meddai Llew. "Bydd hi'n gwybod beth sydd wedi digwydd."

Dringodd Llew Llygoden a'i ffrindiau drwy sbôcs olwyn
hen feic nes cyrraedd y twll tywyll yn y canol. Roedd Blod
yn adnabod curiad Llew a rhedodd allan â'i wisgers yn
crynu i gyd.

"O, Llew," meddai. "Dw i mor falch dy fod di'n ôl! Wyt
ti'n cofio'r hen groten 'na, Elen Roberts, honna oedd yn
rhedeg ar dy ôl di â hen frws, rownd a rownd yr ardd? Y
hi sydd wedi dwyn dy dŷ di. Mae wedi mynd ag e i dŷ
Cathreulig. Chei di byth afael arno fe nawr, Llew – mae dy
dŷ bach twt wedi mynd am byth."

"Dw i ddim yn credu," meddai Llew gan neidio ar sedd y beic. "Dilynwch fi, fôr-lygod. Dw i o 'ngho' heb ddim to, ond ddim am hir!"

Mae Elen Eisiau Curo'r Drwm

Ar Elen Roberts roedd y bai bod Llew o'i go', heb ddim to. Roedd Elen wedi arfer cael beth roedd hi eisiau. Pam? Am ei bod hi'n mynd yn wyllt gacwn pan fyddai rhywun yn dweud NA wrthi. Ei geiriau mawr hi oedd "DW I EISIAU HYN!" a "DW I EISIAU'R LLALL!" Doedd hi ddim yn fodlon aros tan y Nadolig i gael beic newydd – roedd rhaid iddi hi ei gael e ym mis Gorffennaf!

Un diwrnod dywedodd, "Dw i eisiau chwarae gyda'r
drwm yn y garej."

"Mae drwm yn hen beth swnllyd iawn, Elen fach,"
meddai ei thad.

"Dw i'n hoffi sŵn," meddai Elen.

"Ond mae e'n hen ac yn frwnt ac yn llwch i gyd," meddai
ei mam.

"Wel glanhewch e 'te!" bloeddiodd Elen, gan stampio'i troed yn benderfynol. "Dw i eisiau chwarae'r drwm heddiw. Dydw i ddim yn mynd i aros tan fory!"

Felly aeth mam a thad Elen ati i lanhau'r drwm a'i gario

i'r lolfa. Wydden nhw ddim bod yr enwog Llew Llygoden
yn byw ynddo.

Ond fe wyddai Cathreulig. "Aros di, Llew Llygoden,"
meddyliodd. "Fe ddoi di i nôl y drwm. Y tro hwn ni fydd
dianc. Fe ga i dy fwyta di i frecwast!"

Dwmbwr Dambar Ian i'r To

O fewn dim roedd dau ddwsin o lygod yn brasgamu i
fyny trwy'r bibell ddŵr; a phan ddaethon nhw allan i olau
dydd, i fyny â nhw wedyn i ben y simdde ar ben y to lle'r
oedd Dicw'r Deryn To yn eistedd. "Llew Llygoden!"
gwaeddodd. "Beth wyt ti'n 'neud fan hyn? Dwyt ti ddim i
fod ar ben y to." Doedd Dicw ddim wedi gweld llygoden
wedi dringo mor uchel erioed o'r blaen.

"Maen nhw wedi dwyn fy nrwm," meddai Llew. "Dw i o 'ngho' achos dw i heb do! Ond fe fynna i gael fy nghartre'n ôl. Y simdde hon ydy'r unig ffordd i mewn i'r tŷ." Crychodd ei wisgers a neidiodd i'r corn simdde, â'i ffrindiau'n dynn wrth ei sodlau. "Dydy Llew ddim yn gall," meddyliodd Dic. "Bydd Cathreulig yn siŵr o'i fwyta'n fyw a fydda i byth yn ei weld eto."

Peli o Barddu

Gwyddai Cathreulig yn iawn na fyddai Llew Llygoden yn fodlon nes byddai wedi dod o hyd i'w dŷ. Felly llechai'n dawel ger drws y lolfa, yn cadw llygad ar y simdde. Pan fyddai Llew yn dod i lawr y simdde i'r lolfa fe fyddai hi'n barod amdano. Byddai'n neidio arno, a'i daflu i fyny ac i lawr â'i phawennau mawr miniog am amser maith. Dechreuodd ganu grwndi wrth ddychmygu'r pleser a gâi.

Clywodd Cathreulig sŵn y tu ôl iddi. Roedd rhywbeth wedi cwympo i lawr o'r simdde, rhywbeth tebyg i belen fach o barddu. Dyna'r un sŵn eto. Ymhen eiliadau roedd peli bach o barddu yn glanio ar y mat ac yn llusgo tuag at y drwm.

"Dyna od," meddyliodd Cathreulig. "Wyddwn i ddim fod peli o barddu'n gallu symud."

Yna, sylwodd fod gan rai o'r peli gynffonnau.

"Mae hynny'n odiach fyth," meddyliodd Cathreulig. "Wyddwn i ddim fod cynffonnau gan beli o barddu!"

Yna sylweddolodd. "Nid peli o barddu yw'r rhain! Ond Llew a'r môr-lygod!"

"Dewch o 'ma!" gwaeddodd un o'r peli. Rhedodd dau ddwsin o lygod am eu bywydau. Roedd cymaint o lygod yn rhedeg strim-stram-strellach ar hyd y carped i bob cyfeiriad, fel na wyddai Cathreulig pa un i'w dilyn. I mewn â nhw, bob yn un ac un, dwmbwr dambar i lawr y twll yng nghefn y drwm. Twll oedd yn llawer rhy fach i Cathreulig â'i hewinedd siarp. Roedden nhw'n ddiogel. Ond roedden nhw'n fochedd tu hwnt!

"ATISHW!" tisiodd Mac, ei drwyn yn barddu i gyd.

"Beth yw tamed o faw?" meddai Llew. "O leia mae to uwch ein pennau. Dyna sy'n bwysig!"

19

Hen Dŷ Swnllyd

Gallai unrhyw un weld fod y tŷ fel tomen sbwriel.
Roedd pethau wedi eu torri yn ystod y symud. Roedd y
gwelyau bob siâp. Roedd dodrefn Llew ben i waered a'i
luniau i gyd yn gam.

"Ond beth yw'r ots," meddai. "Dewch i ni gael rhywbeth i'w fwyta a thipyn o gwsg; fe gawn ni siâp ar bethau wedyn."

Fe gawson nhw wledd o gaws Ffrengig, a bacwn wedi'i ffrio. Yna dyna nhw'n gorwedd i lawr a chysgu. Ond ddim am hir.

TARA RA-BWM! TARA TA-BWM! BWM BWM!
TARA RA-BWM! TARA RA-BWM! BWM BWM!
Dyna'r sŵn mwyaf dychrynllyd i lygoden ei glywed erioed. Roedd Mac wedi dychryn cymaint nes iddo gwympo o'i wely!

"Beth sy'n digwydd?" gwichiodd, gan guddio'i glustiau mawr. Yna, drwy dwll bach iawn, gwelodd Llew Llygoden beth oedd y broblem. Gwelodd Elen Roberts yn curo'r drwm mor galed ag y gallai.

"Dim mwy o hyn!" meddai Llew wrtho'i hun. "All yr un lygoden fyw mewn tŷ mor swnllyd â hyn. Bydd rhaid i mi feddwl am rywbeth."

Gwthiodd bapur i'w glustiau a dechreuodd feddwl.

Ymhen tipyn crychodd ei wisgers a gwenodd ... gwyddai yn union beth roedd e am ei wneud.

Yr Ysbryd yn y Drwm

Y noson honno, pan oedd pawb yn eu gwelyau, daeth
Elen Roberts i lawr y grisiau ar flaenau ei thraed. Roedd
hi am gael treiffl a hufen.

"Iym, iym," meddyliodd wrth agor drws yr oergell. Roedd
hi am gael treiffl, a'i gael e NAWR.

Fel roedd hi'n codi'r bowlen, clywodd sŵn rhyfedd yn
dod o'r ystafell fyw.

I mewn â hi, ar flaenau ei thraed, ond doedd neb i'w weld yn y lolfa. Roedd y drwm ar y llawr yng ngolau'r lleuad, yn union ble roedd hi wedi ei adael. Ond roedd y drwm yn CANU!

"Dyna ryfedd," meddyliodd Elen. Roedd gweddill y tŷ i gyd yn dawel fel y bedd – ond roedd y drwm yn canu!

"Ysbryd," meddyliodd. "Mae ysbryd yn y drwm! Ysbryd sy'n dod i'r golwg yng ngolau'r lleuad! Dw i'n CASÁU ysbrydion!" Caeodd ei llygaid rhag ofn iddi ei weld, sgrechiodd, a rhedodd i fyny'r grisiau, bob yn ddwy.

"Mam, Mam, mae ysbryd yn y tŷ," llefodd. "Dad, Dad, mae ysbryd yn y drwm."

"Paid â bod yn dwp," meddai Mr Roberts yn gysglyd. "Does dim ysbryd yn y drwm. Does dim ysbrydion i gael."

"Oes mae 'na, ac mae e'n CANU. Dw i ddim eisiau'r hen ddrwm 'na. Mae'n rhaid cael ei wared e NAWR."

Ta-ta, Cathreulig

Yn y bore, dyma fan yn gadael tŷ Elen Roberts. Roedd drwm tu mewn i'r fan, a thu mewn i'r drwm roedd dau ddwsin o lygod. Roedd Llew Llygoden a'i ffrindiau yn symud unwaith eto.

Pan arhosodd y fan oriau yn ddiweddarach, clywyd sŵn mawr; yna cychwynnodd y fan eto, gan adael y drwm ar ôl.

Roedd pobman yn dawel. 'Yn rhy dawel,' meddyliodd Mac.

"Ble rydyn ni?" sibrydodd. "Gallen ni fod yn rhywle. Efallai nad oedd hyn yn syniad da wedi'r cwbl."

"Fe af i weld," meddai Llew Llygoden.

Anadlodd yn ddwfn wrth y twll i wneud yn siŵr nad oedd cath o gwmpas. Yna camodd allan. Gwelodd Llew fynyddoedd uchel o'i amgylch a dyffrynnoedd yn llawn sbwriel a phob math o annibendod. Roedden nhw wedi symud i domen sbwriel fendigedig o ddrewllyd.

"Dewch i weld ble rydyn ni," gwaeddodd.

"Tomen sbwriel, myn diain i!"

Bob yn un ac un, mentrodd y llygod allan o'r drwm.

"Fe alla i arogli creision caws a winwns!"

"Twbiau iogwrt! Pys slwtsh!"

"Bendigedig!"

Crychodd Mac ei drwyn nes bod ei wisgers yn cyrlio, ac anadlodd yr arogl gorau yn y byd.

"Rydyn ni yn ymyl y môr," meddai. "Mae'r domen ar lan y môr. Ta-ta Cathreulig. Hwrê, Llew Llygoden."

Roedd Llew wrth ei fodd. Ni allai freuddwydio am well cartref.

"Dw i'n credu y byddwn ni'n hapus iawn fan hyn," meddai.